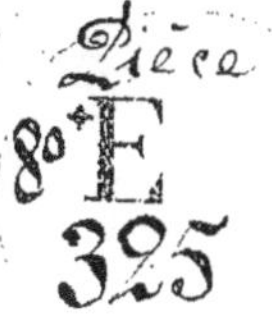

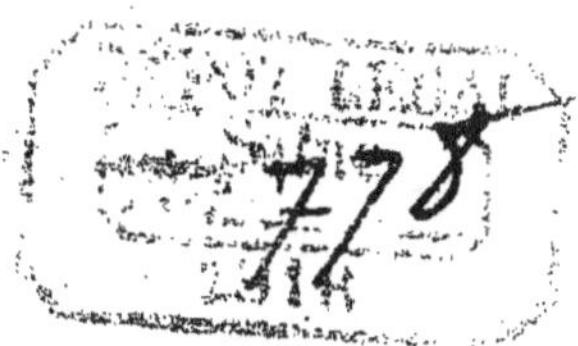

De la

SOCIÉTÉ

des

NATIONS

Dans une Société bien organisée, tout ce qui ne concourt pas au bien-être social et à l'abaissement de son prix de revient doit être écarté.

A. M.

ÉTUDE SOCIALE

par

ARTHUR MERRHEIM

PARIS

—

1918

PRIX : 1 50

5ᵉ ÉDITION

INTRODUCTION

Porteur d'une homonymie dont la redoutable notoriété m'effraie un peu, je n'hésite pas, cependant, à écrire ces lignes, persuadé qu'elles ne peuvent que développer dans le corps social des germes sains et favoriser la concorde entre les classes, au lieu de les diviser comme ça a été, malheureusement, le but poursuivi par beaucoup de Français.

On remarquera qu'après mon exposé sur la Société des Nations, j'ai commencé l'étude de la Société Type.

Mais, arrivé au point où trouvant une solution, que je crois bonne, pour intéresser la classe salariée au développement indéfini du corps social dans lequel elle évolue, je me suis arrêté, jugeant inutile de continuer cette étude.

La raison en est que je considère qu'une Nation, tant qu'elle n'aura pas tué ce microbe mortel qu'est la lutte des classes, ne pourra vivre ce que les physiologistes appelleraient une vie normale.

Lorsque cette concorde aura été créée sur des bases solides, il s'établira dans chaque corps social, appelé Patrie, une hérédité de race, d'éthique, particulière à chaque pays qui pourra devenir la base fondamentale d'une Ethique Mondiale.

Mais, pour rester sur le terrain propre à chaque Nation je répète que ce ferment de discorde qu'est la lutte de classes tuera dans le germe tous les projets d'amélioration sociale que l'on essaiera d'appliquer, ou même d'élaborer.

Il y a une trop grande différence dans la manière de penser entre la moyenne de la classe salariée et la moyenne des classes bourgeoises, politiques et savantes.

Il faut, de toute nécessité, relever le niveau moral des classes salariés.

La grande Presse doit, à cet effet, être complètement remaniée, et on doit lui interdire la publication de nouvelles, ou romans, où l'absurde le dispute à la bêtise, lesquels romans, à la longue, impriment leur empreinte sur la « gélatine » cérébrale du peuple, incapable de discerner ce qui est propre à développer l'élévation de la pensée. Cette œuvre a été commencée pour le cinéma.

Cette manière de voir n'a rien de commun avec la liberté de la Presse au point de vue politique.

Complètement indépendant devant la classe des salariés et n'ayant aucun intérêt personnel à la flatter, j'ai le courage de dire ici ce que je pense.

J'entends dire couramment « l'ouvrier de cabaret n'est pas intéressant ».

C'est faire preuve d'une vue bien courte ou d'un parti pris évident.

Dans cette question, comme dans toutes celles qui intéressent notre France, il faut en faire l'étude en se plaçant uniquemet au point de vue scientifique, et pour mieux préciser, rappeler ici les idées du grand et vénéré biologiste Le Dantec, au point de vue biologique.

Car que l'on soit Darwinien ou Lamarckien, on ne peut nier que la classe salariée, dite ouvrière, en général, ressemble à un organisme vivant dans un milieu bien spécial (trop spécial!) et que son évolution est en raison directe de ce milieu.

Si donc, on désire une évolution rapide de cette classe, il faut modifier son milieu vital.

Ce milieu vital est celui du régime économique dans lequel sont happées, comme dans un terrible engrenage, toutes les Nations du monde. Je le dis plus loin, ce régime, tel qu'il est actuellement vécu, est d'une issue mortelle pour ces Nations.

La classe ouvrière ne doit plus être considérée comme une machine. Elle doit être incorporée dans le mouvement d'évolution de la pensée humaine. Je n'hésite pas à dire que cette tâche est extrêmement ardue, mais comme sa difficulté est en raison directe de sa noblesse, elle doit, par cela même, tenter les bons esprits.

C'est de l'esprit des inventeurs, de ceux habitués à se pencher sur les problèmes sociaux et généraux que peut jaillir, plus vite que l'on ne croit, les solutions opportunes.

Il est criminel de croire que ce peut être de l'organisme intéressé, la classe ouvrière, que pourrait venir l'obstacle.

Lorsque l'on constate avec quelle admirable naïveté un grand nombre de Français se sont jetés, à cervelle perdue, dans les conceptions libertaires idéalistes, utopiques, des germaniques Karl Marx et autres, on ne peut nier la force, le besoin d'une évolution vers un idéal plus élevé que celui dans lequel se traîne la classe ouvrière actuellement.

Lorsqu'elle sera sûre que l'autre partie de la Nation se penchera vers elle avec une évidente bonne volonté et le désir ardent de l'élever, lorsqu'elle aura l'absolue certitude que les mesures prises à son égard n'ont pas pour but de profiter à leurs initiateurs, à son détriment, vous verrez éclater dans notre admirable pays, un mouvement d'enthousiasme, semblable à celui du jour de la démolition de la Bastille, et plus généreux encore.

Sans vouloir examiner des questions de détail, j'indiquerai, par exemple, que le Taylorisme, bien compris par les ouvriers, leur permettraient de diminuer le nombre d'heures de travail, et en consacrer le bénéfice à l'hygiène, à l'étude et à l'élevage de la famille.

J'insiste aussi sur ce fait que bien loin de considérer comme des parias tous les enfants naturels, dont l'élevage en France par l'Assistance Publique, constitue une honte, on devrait leur assurer une éducation supérieure. Ce serait le seul moyen de développer la natalité et de supprimer parallèlement l'avortement.

Ainsi, lorsque par un ensemble de mesures appropriées, on aura amélioré le sort de la classe salariée, en ce qui concerne sa position morale dans le corps social, on sera en droit de lui parler de ses devoirs vis-à-vis dudit corps social.

L'Allemagne, ses Alliés et mes Projets

Je déclare que ma brochure ne saurait en aucun cas plaider la cause des ennemis de mon pays et lui faire croire que le principe de sa responsabilité des origines de la guerre et sa juste punition pour les crimes commis et les préjudices causés puissent être écartés.

On comprendra bien que ce n'est pas la présence du criminel et des effets de son crime qui peuvent empêcher l'évolution du monde.

Je n'indique pas de solution compatible avec mes projets. Mais, j'ai le droit de dire que le crime moral doit s'expier par ceux qui étaient des représentants moraux, il faut donc que des têtes tombent, que les préjudices causés s'expient en espèces et que tous les ressortissants de l'Allemagne et de ses alliés devront payer en espèces.

DE LA SOCIÉTÉ DES NATIONS

Parler de cette Société des Nations sans fixer au préalable le but principal d'évolution des Nations est sans aucun sens.

Ce but ne peut pas être semblable à celui que poursuivait chaque Etat pris en particulier avant la guerre.

On est obligé de convenir que l'esprit de civilisation pure ne présidait, en aucune façon, à la conduite des Nations et que celles-ci, par toutes espèces d'intrigues et, au besoin, par la force, poursuivaient la réalisation d'appétits non dissimulés.

Vouloir obliger les Nations, chacune prise à part comme entité, et lui persuader que le vrai bonheur s'obtient, comme le disait Sénèque, en se contentant du strict nécessaire, paraîtrait à beaucoup de gens, un peu exagéré.

Et, cependant, après le terrible vide qui se sera produit dans les ressources de toutes sortes de chaque pays en guerre ne serait-ce pas naturel ?

Mais, ceci ne peut être le vrai but de la Société des Nations.

Au-dessus des règles de morale pure que beaucoup de bons esprits ont voulu situer sur le terrain religieux, quel qu'en soit le rite, il faut proclamer un but supérieur. C'est celui de ne jamais chercher à nuire économiquement à une nation quelconque.

Le développement moral illimité ne pouvant être nuisible, ce but doit comprendre que chaque Nation, prise en particulier, aura seulement le droit, sans plus, de développer ses besoins matériels suivant une normale basée sur le chiffre de la population.

L'Epargne pourra être une vertu nationale, alors que l'esprit de conquêtes économiques ou autres, devra toujours être qualifié crime dans le Code de la Société des Nations.

A ceux qui prétendraient que ces dispositions arrêteraient le génie humain dans son développement, il faut répondre que le vrai génie humain est celui qui ne poursuit pas de but matériel immédiat.

Le vrai génie humain n'a d'ailleurs jamais besoin d'un stimulant de nature matérielle. C'est une force psychique que la misère seule peut empêcher de s'exprimer, tout au moins dans son développement intégral.

Il faut donc que la Société des Nations, bien loin de favoriser le développement de minorités puissantes, ce qui est le cas en 1918, stimule, au contraire, le développement des individus en vertu de ce prncipe que le génie d'un seul peut payer toute la masse par des découvertes à répercussions infinies.

Dans une Société bien organisée, tout ce qui ne concourt pas au bien-être social et à l'abaissement de son prix de revient doit être écarté.

Contribution au Statut
de la Société des Nations

On ne peut oublier qu'il y a deux sortes de nations.

1° Celles organisées et non en tutelle économique et politique.

2° Celles asservies par cette tutelle.

Cette dernière catégorie est divisée en deux sortes :

Celles dont la langue et les caractères ethniques sont parfaitement déterminés, comme les Arméniens, ou les Serbes et celles sans aucune organisation morale, comme certaines races indigènes de l'Afrique centrale ou de la Côte Occidentale.

Il faut donc constater qu'une vraie Société des Nations englobant tous les Terriens est théoriquement impossible tant que les masses amorphes n'aient pris conscience de Nation. Ce développement les mettant à même de se défendre et de participer à la prospérité générale.

Exemple : le Japon depuis 50 ans.

Conséquences de cette situation : une partie des Terriens sera sous la tutelle économique et politique d'autres classes de Terriens mieux organisées.

Les Sociétés organisées et fortes du point de vue du droit strict et naturel doivent aide et protection aux groupes amorphes.

Elles ne peuvent user de leur organisation pour asservir celles des classes que l'évolution n'a pas encore mis à même d'atteindre le même stade qu'elles.

Elles auront donc un devoir de tutelle en retour de laquelle, les races amorphes devront payer, comme elles le pourront, sans cependant que ce paiement puisse en aucune façon tarir la faculté d'évolution que ces races peuvent posséder.

Les démocraties vraiment telles organisées sont seules qualifiées pour gérer les groupes des races amorphes.

La Société des Nations voudrait écarter définitivement le risque de guerre mondiale

La Société des Nations voudrait écarter définitivement le risque de guerre mondiale.

Quelle est la cause des guerres ?

Aux premiers âges sociaux, la guerre de tribus à tribus se faisait toujours pour des rapines.

Plus tard, ces rapines purent se déguiser sous des motifs religieux ou de castes politiques y affiliées.

C'est le commencement de la politique et de la diplomatie.

Quelles sont les causes de ces chocs des masses prises en tant que Sociétés organisées ?

Ces causes sont que ces Sociétés perdent de vue les principes biologiques et physiologiques fondamentaux nécessaires à la bonne harmonie des groupements civilisés. Car, il y a peu d'exemples que les Nations fassent la guerre, parce qu'elles ont faim, mais, bien plutôt, parce qu'elle veulent trop manger, ou trop posséder, ou trop jouir.

Les Nations doivent donc commencer par apprendre à leurs membres que chacun, pris en particulier, est facteur naturel d'un équilibre harmonique du monde ; que cette harmonie heureuse est la même pour le monde entier que pour un particulier; à savoir, que le vrai bonheur appartient à celui qui sait se contenter du strict nécessaire et qui travaille bien plus à développer ses facultés morales que celles de proie.

Les Nations commencent à se débattre furieusement contre un système économique mondial, étouffant, cause première de leurs discordes et de la guerre actuelle peut-être, parce que dépourvu des qualités exigées plus haut pour le bonheur particulier.

Ce système économique du monde est basé sur un faux principe du droit économique. à savoir qu'un groupe social peut produire à outrance et imposer ses produits manufacturés, ou naturels, contre des avantages qu'il aurait seul le droit de déterminer, au détriment d'autres groupements également organisés.

De sorte, que ce serait la Société qui, sachant se contenter de peu, se développant moralement et physiologiquement par l'altruisme, se verrait asservir par un groupe qui, délaissant cette culture, se servirait du produit définitif des sciences sociales pour produire à outrance et imposer son joug économique. Il est démontré que le joug économique détermine tous les autres.

Le droit de production économique des Nations doit donc subir des retouches et se maintenir dans des cadres convenables et inexistants à ce jour.

L'excès ou l'insuffisance de la production économique des Nations se traduit par des balances à l'importation et à l'exportation.

Ces balances sont représentées par du numéraire dont l'étalon est l'or.

L'or représente donc dans un pays une richesse provenant de l'activité économique de ce pays.

Dans une Nation organisée, d'un crédit solide, la richesse d'un particulier ne peut pas dépendre d'un stock d'or qui lui soit personnel. C'est la solidité des affaires et des banques du pays auquel il est mêlé qui fait la la valeur de sa fortune.

Conséquence : Dans un état bien organisé, au point de vue international, l'or doit être monopolisé par la Banque d'Etat. Ce monopole constituera la première étape de la Société des Nations.

L'or extrait par la force du joug économique est un vol à l'égard de la Nation sur laquelle ce joug s'exerce.

L'or qui manquerait dans des proportions anormales à une Nation organisée pourrait provenir d'une mauvaise gestion des affaires de ce pays ou de la paresse collective de ses habitants.

On pourrait donc, par un examen attentif du disponible or de chaque groupement organisé, surveiller sa santé économique et l'aider, au besoin, si cette santé économique compromise était le fait d'agissements délictueux d'un groupement tiers intervenu. Exemple : l'interdiction d'exportation sur un pays uniquement producteur des bestiaux d'un grand pays voisin par des droits de douane exhorbitants.

Un Comité international, bien composé, pourrait donc effectuer un contrôle de ce genre et poser des principes de droit nouveau sur ces bases.

N'est-il pas évident que ce contrôle ne pourrait qu'être bienfaisant pour les collectivités, puisqu'il n'aurait pour but que de veiller au maintien d'un moyen de prospérité économique.

———

Les mesures prises pour tenir toujours en équilibre ces réserves d'or correspondraient, sans aucun doute, à celles qui serviraient à baser les échanges sur les besoins réels des Nations en fixant la valeur internationale des produits de première nécessité. Blés. charbons, fer, bois, etc., cafés, thés, cotons, riz, soies, caoutchoucs etc...

En conséquence ces produits de base à l'existence des peuples seraient internationalisés en ce sens que la production de chaque pays pour ces matières premières lui serait créditée en un compte spécial, étant donné qu'il serait porté à son débit une consommation, autant que possible, correspondante à la consommation de ses habitants plus un quart. Le surplus serait à la disposition de la Banque Mondiale, organe financier de la Société des Nations, qui l'attribuerait, suivant les besoins normaux des autres pays. En cas d'insuffisance, des répartitions d'offices seraient faites ou des succédanés seraient distribués.

Il en résulterait une force initiale d'échanges entre tous les pays producteurs de produits naturels non manufacturés.

Le superflu de ces produits naturels aux pays producteurs serait exporté, et leur compte serait crédité de ces exportations.

Cela équivaudrait au principe qui veut que dans certains pays, les produits du sous-sol appartiennent d'abord à l'Etat. Dans cette hypothèse de la Société des Nations, tous les produits naturels seraient la propriété du monde organisé, tout en respectant ces organisations nationales.

Ce droit nouveau serait basé sur ce fait que ces produits sont plutôt le fait du jeu des forces naturelles que de celui de l'intelligence humaine. Et, comme conséquence, aucun pays ne pourrait se targuer d'en brimer un autre du fait que la nature l'a mieux favorisé.

Les soldes créditeurs des Nations possédant les produits du sol non manufacturés seraient représentés en or, à leur actif dans la Banque Mondiale qui effectuerait les ristournes entre les divers pays.

Les fluctuations du change seraient sous le contrôle de la Banque Mondiale.

Les bénéfices produits dans le monde entier par toutes les opérations de change ne pourraient être la propriété d'un particulier ou d'un groupe de particuliers.

Ces bénéfices constitueraient l'une des ressources de la Banque Mondiale.

Comme conséquence, cette Banque effectuerait toutes les opérations d'échanges internationaux, papiers monnaies, traites, warrants, etc., représentant les mouvements d'importation et d'exportation des pays entre eux et, en général, tout ce qui représenterait leur activité économique.

Chaque pays serait crédité et débité de ces valeurs représentées dans l'un ou l'autre sens.

La Banque Mondiale aurait le droit d'effectuer les bénéfices sur le change en or et d'en constituer une réserve.

Rôle de prévoyance de la Banque Mondiale

La Société des Nations s'oblige à créer dans cette banque le monopole des Assurances de toutes sortes, en ce sens que sans toucher aux organisations existantes dans chaque pays elle assure par une contribution payé à sa caisse au prorata des membres de chaque pays organisé.

Par ces cotisations, elle assurera l'extinction du paupérisme qui devra devenir une réalité. par les mesures qu'elle aura le droit d'appliquer dans chaque pays à cet effet.

Parmi ces assurances figure en première ligne celle contre les attentats armés d'un pays contre un autre.

La déclaration de guerre d'un pays à un autre pays est qualifiée crime de lèse-humanité.

Ce crime appelle des sanctions immédiates qui ne comportent aucune circonstance atténuante.

Elle comprend, en outre, des répressions par les armées organisées de la Société des Nations, la suppression des bénéfices de l'organisation de la Banque Mondiale, sans préjudice d'autres sanctions pécuniaires et morales.

La Guerre impossible

En fait, aucun pays ne pourrait déclarer la guerre, puisque les armées ou les marines ne devraient plus exister dans la Société des Nations.

Ces forces de terre et de mer comprendraient seulement celles organisées à l'aide d'enrôlement dans tous les pays et formant une force indépendante d'hommes instruits, sains, et n'obéissant qu'au sentiment du maitien de l'ordre mondial.

Ces forces seraient la propriété du Comité de la Banque Mondiale formé des élites de tous les Parlements du monde.

Elles seraient entretenues non pas par des contributions prélevées indistinctement sur tous les habitants, mais seulement à l'aide de taxes imposées sur tous les objets ou produits considérés comme n'étant pas physiologiquement nécessaires à la vie humaine.

Cette réglementation serait faite par un Comité international de savants délégués par toutes les Académies ou Instituts du monde entier. Les décisions de ce Comité seraient sans appel, et le Comité directeur de la Banque Mondiale serait tenu d'en respecter les décisions.

Ce Comité international dicterait aussi de façon impérative les mesures propres à assurer dans le monde entier l'hygiène et la santé sous toutes ses formes, telles que la science moderne prévoit d'en appliquer la réalisation.

Les ressources nécessaires seraient aussi trouvées sur les mêmes articles. Mais, aucun pays ne pourrait être débiteur envers un autre. ou envers la Banque Mondiale, du fait que les décisions du Comité d'hygiène dépasseraient ses moyens de réalisation.

La santé étant déclarée d'ordre mondial, son service doit être assuré par le monde entier.

La Société des Nations poserait comme principe que, dans chaque pays, les institutions devront être dirigées de façon que « tout ce qui ne concourt pas au bien-être social et à l'abaisse- « ment de son prix de revient devra être écarté ».

En conséquence, fera l'objet d'un monopole, dans chaque groupe organisé dénommé pays, tout ce qui contribue à la vie sociale et dont l'évolution économique ou industrielle ne dépendra plus du génie humain représenté par un individu, c'est-à-dire aura déjà atteint un degré de perfection difficile à surpasser ou, en tous cas, ne dépendant pas de l'activité d'un seul individu.

Exemples : Culture du blé, du tabac, monopole des alcools, chemins de fer, houille blanche, sucres de betterave et de canne, assurances sur la vie, incendies, accidents, maladies, services maritimes, flottes marchandes, le fret étant fixé pour chaque état après entente avec la Banque Mondiale qui aura constitué une vaste entreprise de transport mondiale ; monopole des charbons, fers, fontes, pétroles, engrais naturels, opérations de banques, ou d'émissions.

Comme conséquence de ces organisations dans chaque pays le coût de la vie sur toute la surface du globe pourra être plus facilement unifié et permettra, par cela même, à tous ses habitants d'être placés dans des conditions identiques et certainement meilleures qu'actuellement, pour accomplir le cycle physiologique imposé à chaque être humain naissant.

Le Droit à la vie saine

La Société des Nations pose, comme principe, imprescriptible, que chaque être naissant a droit aux soins qui assurent son développement physiologique intégral.

Comme conséquence, lorsque les parents déclareront qu'ils sont dans l'incapacité d'assurer à eux seuls l'élevage de leurs enfants, ceux-ci seront adoptés moralement par la collectivité.

Les enfants naturels, c'est-à-dire ceux non reconnus de pères et de mères seront élevés de façon qu'ils puissent avoir accès aux plus hautes écoles et cela aux frais de la Nation.

Ces frais seront couverts par le montant de toutes les succession autres que celles allant à un conjoint ou aux enfants du premier degré. Si ces ressources n'étaient pas suffisantes, les divers monopoles y pourvoieraient.

Les Armes

Dans chacun des pays adhérents à la Société des Nations il est interdit de fabriquer et de faire usage d'armes à feu ou offensives dans d'autres manufactures que celles appartenant ou occupées par le Comité de Défense de la Banque Mondiale.

Même la détention serait punie de prison perpétuelle ; par ce fait que la possession d'une arme constituerait déjà la préméditation d'un attentat.

Les Brevets

La Banque Mondiale a seule le droit de délivrer des brevets.

Le bénéfice de ces brevets est acquis de plano à toutes les Nations organisées adhérentes.

L'inventeur sera toujours l'objet d'une récompense dont le montant ne devra jamais être inférieur à la rente nécessaire à lui permettre de vivre toute sa vie, sans être obligé de fournir un travail salarié.

Le montant de cette rente sera fixé par le Comité International de savants des Instituts organisés.

Les Emprunts d'États

Lorsque par suite de difficultés passagères, un état verra ses ressources compromises momentanément, la Banque Mondiale pourra en échange de certaines garanties de l'actif national de la Nation intéressée émettre un emprunt mondial en sa faveur.

Si la Banque Mondiale en a aussi décidé, au préalable, la contribution des Nations associées pourra être décrétée obligatoire à ces emprunts de secours au prorata de leur population.

Ces emprunts doivent, du reste, être improbables par suite du jeu des assurances diverses que les Nations pourront contracter à la Banque Mondiale.

Les Nations faibles et les Nations fortes
au point de vue assurances mondiales

Les Nations de population élevée paieront par chaque membre existant dans son sein les primes d'assurances établies par la Banque des Nations et, dans aucun cas, des primes globables ne pourront être accordées. Ceci pour obéir à ce principe de charité humaine que le plus grand nombre doit aider le plus petit.
inférieure ?

Pourquoi une Nation nombreuse par ses habitants ne peut revendiquer de supériorité sur une Nation numériquement inférieure ?

Dans la Société des Nations organisées le principe de la force découlant du nombre ne saurait être accepté.

La Force n'existant plus qu'au service du Droit, elle ne peut plus compter comme actif social effectif de chaque Nation.

Ce n'est que la Force Morale. ou altruisme, qui peut caractériser la supériorité d'un groupement et, conséquemment, cette supériorité ne peut être nuisible à quiconque et le suborner.

Organisation Sociale type d'une Nation

Les systèmes violents de transformation sociale sont et resteront inacceptables.

Le premier facteur transformateur est la suppression des héritages purement et simplement à partir du deuxième degré. Celui du conjoint survivant doit être respecté.

Le principe qui frappe lourdement un héritier du premier degré est une erreur grave qui atteindra, le plus souvent, le patrimoine économique dans ses fondements les plus profonds. Certains pays, comme la France, où existe à l'infini la division de la propriété sous toutes ses formes, verront leur activité économique entravée irrémédiablement, les héritiers du premier degré ne pouvant, la plupart du temps, que développer ce que le père a péniblement bâti pendant toute une existence. Ce sont les « fils de leurs œuvres » qui, le plus souvent, n'ont pu qu'ébaucher. Des droits trop lourds ou mal appliqués tueront dans l'œuf cette infime quantité d'efforts individuels.

Cette réserve admise, la suppression des autres héritages activera l'anonymat des grosses fortunes lesquelles mises, sous de nouvelles formes, dans la circulation produiront des effets féconds. Ce sera cependant à la condition que ces ressources ne soient pas employées au développement du fonctionnarisme, ou à l'attribution de retraites faites de façon inconsidérée.

L'organisation type d'une Nation ne peut être étudiée que sous la condition qu'elle n'aura plus de budgets de guerre, sa protection naturelle résidant dans les forces protectrices réunies de la Société des Nations.

Cette organisation type ne trouvera de base solide que placée dans le cadre de la Société des Nations organisées, comme dit précédemment, de façon qu'un peuple quelconque ne puisse jamais être assujetti à la domination économique d'une Nation, ou d'un groupe de Nations, car la menace de cet état de choses impliquerait des inégalités fondamentales faussant les rouages d'une Nation tendant à un idéal collectiviste non basé sur l'expropriation forcée.

Il ne faut pas oublier non plus qu'ici, comme dans la Société des Nations, le but de la collectivité ne sera de brimer ou de primer, une autre collectivité sur le terrain financier ou économique, mais simplement de développer ses facultés d'altruisme. De ce qui précède découle le même principe posé pour la Société des Nations, à savoir que des bases biologico-physiologiques devront être établies pour l'éducation nationale et appliquées par des lois appropriées.

Un exemple fera comprendre l'ordre d'idées dans lequel les réformes devront être opérées.

La femme dominant l'homme, en général, au point de vue psychique, abuse de cet ascendant pour obliger son mari, ou celui qui subvient à son existence, à lui fournir des objets de toilette, le plus souvent superflus par luxe exagéré ou inutilité évidente.

Ce fâcheux état d'esprit fausse toute l'organisation sociale en ce sens qu'il pousse l'homme à employer tous les moyens possibles, même la guerre, pour amasser des sommes considérables servant à l'entretien de son luxe. Et, à ce propos, il devra être posé ce princie étroit que *le luxe qui ne représente pas une part d'altruisme devra être prohibé ou fortement taxé.*

Dans le domaine de l'alimentation, des règles judicieuses bien comprises et appliquées intelligemment abaisseraient de 50 0/0 le prix de revient alimentaire de la Nation Française. Ce résultat serait une nouvelle source de richesses pour le pays.

Pourquoi les classes sont-elles, en apparence, si profondément divisées lorsqu'il s'agit des intérêts ?

C'est que le développement de la pensée moderne a fait vivace ce sentiment que si le travail musculaire ne vaut pas, en qualité, comme le travail cérébral, il n'en est pas moins un facteur essentiel de la réalisation de ce dernier avec lequel il faut compter, par conséquent, depuis que ces forces de travaux musculaires ont eu l'intelligence suffisante pour se coaliser en syndicats divers.

D'autres raisons, purement biologiques celles-là, viennent s'ajouter en faveur du travail musculaire.

1° Ce travail musculaire est indispensable à la santé physiologique d'une Nation en général. Car, s'il était possible d'expérimenter le devenir d'un peuple uniquement formé de cérébraux mâles et femelles, l'on serait vite fixé sur les résultats désastreux d'une pareille sélection. Ce serait la folie généralisée à bref délai.

Donc, de même qu'il est bon de développer certains sports, judicieusement combinés, de même le travail musculaire utile et modéré, est un facteur de santé sociale qui doit être rigoureusement porté au crédit du compte de la classe ouvrière proprement dite.

2° Le bénéfice économique d'un travail cérébral ne peut être revendiqué entièrement, à bon droit, par son producteur, cela pour plusieurs raisons. Le première est qu'un cerveau n'est pas seulement formé par les ascendants et leurs hérédités conjugués, mais bien par le cadre social dans lequel il se développe et grâce aussi aux institutions existantes.

Ce cadre et ces institutions sont le fruit du travail des générations précédentes qui constitue un héritage social appartenant bien en propre.à toute la Nation.

Comme dans toute comptabilité bien tenue, celui qui reçoit étant débité, le cérébral devra au corps social. L'équité exige donc qu'il soit trouvé un système de répartition entre tous les co-participants d'une Nation, pour les résidus de ces débits divers.

On voit donc que la classe ouvrière, proprement dite, aura à son crédit son coefficient de santé musculaire, et également à son actif une part du droit de tout le corps social sur sa production cérébrale.

L'égalité économique des citoyens d'une Nation est une utopie.

Pourquoi ?

Parce qu'il y aura toujours et en tous cas, le plus souvent, une supériorité du coefficient : force cérébrale *organisée* sur celui : force musculaire *employée*.

Qu'on le veuille ou non, le devenir des Nations pour qu'il progresse de plus en plus, est sous les lois de l'esprit. C'est donc une conséquence naturelle de la loi de l'offre et de la demande.

Si la Nature avait fait que l'Esprit soit plus vulgairement répandu que la force musculaire, on peut être certain que la supériorité se serait trouvée du côté de cette dernière catégorie.

C'est là une conséquence de l'évolution qu'il n'est au pouvoir de personne de modifier.

Cette spécification reconnue, il devra être évident que cet état de choses ne peut signifier l'asservissement d'une classe par une autre.

————————

La preuve étant faite que l'employé doit participer aux bénéfices de l'employeur, quel est le mode de participation le plus judicieux et incapable de troubler la paix publique en évitant des discussions d'espèces entre les employés et leurs patrons.

Il a été proposé, par exemple, dans les Sociétés par actions d'accorder au personnel 5 0/0 ou 10 0/0 sur les bénéfices accusés par le bilan.

Sans doute, la bonne foi des auteurs de cette proposition ne saurait être mise en doute, mais l'examen superficiel de la question ainsi posée dévoile déjà de nombreuses causes de conflits entre les deux parties.

————————

Le fait que la classe employée doit participer aux gains sans qu'elle soit obligée de partager les pertes limite fatalement ses droits dans la discussion sur l'attribution des bénéfices et, par conséquent, mieux encore sur le mode d'exploitation des affaires qui doit lui rester étranger.

Ce n'est que lorsque la classe employée sera par la force de ses capitaux capable de participer effectivement aux pertes qu'elle aura des droits complets. Mais, alors, n'est-il pas vrai, sa dénomination de classe employée changera en celle de « classe associée ».

Donc, le fait de dire à des ouvriers : « vous aurez tant pour cent dans les bénéfices d'une affaire », et les empêcher, parce que n'en ayant pas le droit, de contrôler l'attribution desdits bénéfices est un non-sens. Le système est donc inapplicable, et il ne faut pas dans l'intérêt même de la classe ouvrière que l'on exerce envers elle ce leurre indigne.

————————

La question paraîtrait insoluble si on ne l'envisageait de plus haut.

Il y a dans la pratique commerciale une coutume d'intéresser un employé : c'est la guelte. On objectera : la guelte est une prime à l'effort du vendeur, à son intelligence vis-à-vis du client, etc.

En théorie, cela est vrai. Mais voyez dans la pratique comme le principe de la guelte a été faussé.

Prenez le rayon d'un grand magasin comme le Printemps ou le Louvre ou les Galeries Lafayette. Croyez-vous que l'intelligence du vendeur soit pour quelque chose dans le choix de l'acheteur ? Pas le moins du monde, le plus souvent. Je n'ignore pas les trucs usités pour écouler les rossignols, on augmente la guelte. Mais le principe est toujours faussé.

La vérité, c'est que la guelte est une participation aux bénéfices déguisée, au même titre que l'octroi d'une place de garçon de café dans un grand établissement. Là, le garçon n'est même plus un employé puisqu'il a payé le matin une certaine somme pour avoir le droit de récolter les sommes qu'un tour d'esprit particulier a accoutumé à donner en plus du prix fixé.

La participation de la classe ouvrière, ou salariée, en général doit être ajoutée au prix de vente. Mais il est bon de discerner comment il serait possible d'ajouter au prix de vente sans bouleverser l'économie sociale d'un pays et sans soulever des rivalités de pays à pays.

Il serait enfantin de penser à attribuer aux ouvriers d'une soierie, par exemple, 1/2 0/0 sur le prix de vente. Cela serait d'abord excessif comme taux puis injuste comme répartition à la classe salariée.

Car dans une fabrique de soieries, il y a la partie métallurgique de l'outillage, les produits tinctoriaux, etc., etc... qui forment des branches spéciales de l'activité économique.

Si donc le personnel d'une soierie était intéressé sur la vente des soies, les ouvriers qui auraient confectionné les métiers, ceux composant les teintures, les apprêts, etc... seraient frustrés de leur côté.

La classe salariée doit être divisée en catégories bien spécialisées et obligée d'être affiliée aux Syndicats constitués dans chaque spécialité.

Prenons un exemple : la fonderie. Tout le personnel salarié maniant la fonte brute sera affilié à un syndicat de la fonte.

Il sera alloué au Syndicat de la fonte brute un pourcentage

à la tonne de fonte produite, ainsi de suite pour tous les produits bruts créés ou extraits.

Prenons une fabrique de coton non manufacturé, même opération de répartition faite sur le tonnage.

En un mot, les produits bruts sont taxés au poids, à l'hectolitre, au cube ou au stère.

Les produits manufacturés

Ici, il y aura lieu de faire une distinction, très facile d'ailleurs.

Il n'y a pas une seule branche de l'industrie humaine où le pourcentage de manufacture ne soit rigoureusement connu par rapport au prix de vente.

Dans chaque pays, des commissions composées d'ouvriers, d'ingénieurs, de patrons détermineront ce coefficient et y attribueront la proportion des bénéfices qui seront distribués au Syndicat correspondant.

Il y aura, par conséquent, des Syndicats : fonte ouvrée, aciers ouvrés, cotons ouvrés, soies ouvrées, bois ouvrés, légumes conservés, poissons conservés, pâtisserie, confiserie, etc.

En un mot, chaque classe de salariés se verra attribuer un pourcentage suivant le mode de vente du produit indiqué. Les commissions de chaque pays devront se réunir en une commission internationale qui déterminera, dans chaque classe, les coefficients de participation. Ces chiffres pourront être fixés pour trois ans, par exemple, mais devront être uniformes pour le monde entier.

Chaque fois que la participation du salarié ne portera pas sur un produit brut ou manufacturé comme un coiffeur, ou un employé de banque, la participation des salariés sera faite sur les réalisations de bénéfices.

On comprend que dans ces cas spéciaux, l'esprit devra présider au lieu de la lettre. Mais, il est impossible que pour ces petits nombres de cas, des solutions pratiques ne soient trouvées.

Force financière des Syndicats

Ils auront la capacité civile. Ils pourront, par conséquent, exploiter leurs ressources en vue de la conquête des établissements importants, constitués en actions, par la simple acquisition de celles-ci.

Il est même à peu près certain que si ces Syndicats sont bien administrés, leur stabilité leur donnera une force d'action exceptionnelle qui les fera maîtres en cinquante ans de nombreuses industries florissantes.

C'est à ce moment qu'interviendra dans la gestion et l'exploitation des affaires, les délégués des ouvriers qui seront, rarement, ceux employés dans l'usine même et qui n'en auront que plus d'influence.

Mais, pour que les droits des actionnaires soient protégés, il y aura lieu de réviser profondément la loi de 1867 sur les Sociétés anonymes, qui ne protège en aucune façon également, les inventeurs qui sont, la plupart du temps, grâce à cette loi, frustrés du fruit de leurs travaux.

Conscience de la Classe salariée
de son importance économique et sociale

La constitution de tous ces Syndicats à participation forcée pour chaque citoyen, donnera à toute la classe ouvrière le sentiment qu'elle n'est plus isolée dans le pays où elle est née, et qu'elle fait bien partie intégrante de la puissance fonctionnelle économique du pays.

Le sentiment profond de cette situation engendrera un état d'esprit totalement différent qui ne pourra qu'influencer heureusement les rapports entre tous.

Le non participation à un Syndicat pour un salarié le privera de sa capacité civile et politique.

Cette jurisprudence devra être mondiale étant entendu que le monde ne sera régi que par des démocraties responsables.

Quelques exemples de répartition
de gueltes à la classe salariée

La classe agricole.

Pour le blé, il serait par exemple produit en France 40.000.000 de quintaux valant en temps normal, supposons 24 à 27 francs.

Attribuer un centime par quintal à la Classe agricole ne peut paraître exagéré. L'allocation d'une somme de 400.000 fr. à quelques millions de petits ouvriers pourra paraître trop faible à certains. Mais, dans cet ordre d'idées, le commencement est tout en ordre moral. Il est toutefois permis de penser qu'un Syndicat national qui possédera après dix ans environ cinq millions de francs, en comptant la capitalisation des premières années, ne sera pas une quantité négligeable, et pourra exercer au profit de sa classe une influence bienfaisante. Quelqu'un pourra-t-il trouver que le 240ᵉ du prix de vente d'un article est une guelte exagérée, alors qu'une guelte de 2 0/0, fort coutumière, en représente le cinquantième.

Je poursuis mon exemple pour bien me faire comprendre.

Le blé étant vendu aux minotiers, ce sont les ouvriers de ceux-ci qu'il s'agit de faire participer aux bénéfices.

Il suffira d'établir la différence du prix de vente du blé sortant de la minoterie d'avec le prix d'achat du blé brut.

Supposons que le prix de vente (qui importe peu dans cet exposé) soit de 55 francs. Il n'est pas déraisonnable de penser que la minoterie gagne au moins 10 0/0 du prix de vente (quelle est l'industrie qui ne rapporte pas 10 0/0 de bénéfices bruts ?). Nous voici donc en face d'une recette brute de 55 fr. pour un quintal de blé, laissant 5 fr. 50 de bénéfices bruts.

Prenons, si vous voulez, la 200ᵉ partie de ce bénéfice brut, ce qui ne me paraît pas exagéré, et allouons-la au Syndicat des ouvriers minotiers. Nous aurons donc deux centimes 75 par quintal, soit un million cent mille francs.

Ces chiffres ne signifient ici absolument rien. Ils ne me servent qu'à indiquer le mécanisme du projet.

Ainsi, par le jeu de celui-ci, nous avons déjà intéressé la masse la plus importante du personnel s'occupant du blé, car la minoterie suppose les services accessoires, tels que services de manutention, transport par roulage jusqu'aux boulangers, le chemin de fer étant excepté.

Pour calculer la part de bénéfices à allouer aux ouvriers boulangers, en général, il suffira de le faire suivant des barêmes à établir sur les bénéfices réalisés par le boulanger lui-même.

On voit bien ici qu'il ne pourra y avoir aucune discussion entre l'ouvrier de ferme et le fermier au sujet des méthodes ou des frais de culture de ce dernier.

Pas plus que le minotier ouvrier ne devra s'occuper si le patron fait sa mouture avec des appareils plus ou moins perfectionnés, ou s'il joue à la bourse.

Il sera tout à fait indifférent à l'ouvrier boulanger si son patron a dépensé trop d'argent pour installer son fonds de commerce etc...

Autre exemple.

Soit une fonderie de fonte de fer, comme il en existe en aussi grand nombre dans les Ardennes.

La matière première est le fer extrait.

Il serait établi un barême sur la vente de la matière première dont le montant sera versé au Syndicat des mineurs et autres ouvriers employés aux divers services de l'extraction, même ceux y conduisant des chevaux ou les soignant, même le médecin employé à ladite mine, et bien entendu, y compris les comptables, etc...

Comme pour le blé, le bénéfice brut de 10 0/0, par exemple, sera fixé pour base d'équivalence. S'il a été convenu par le Comité de la Société des Nations que tous les ouvriers moulistes du monde entier, ou ceux, en général, occupant un emploi dans une fonderie de fonte de fer que les Syndicats de cette profession se verraient attribuer le 200e du produit, soit de vente, soit de bénéfice brut (cela importe peu) aucune discussion ne pourra surgir entre les patrons et les ouvriers. Bien mieux, par suite de l'universalité de la décision, ces attributions ne constitueront jamais une infériorité économique pour une Nation quelconque.

Est-il besoin de citer d'autres exemples? Je ne le crois pas. Ce qu'il faut voir ici ce sont les grandes lignes. Le reste est affaire de conventions réciproques entre les parties, et des ententes internationales. Mais, que l'on soit bien persuadé qu'aucune branche de l'activité humaine ne saurait échapper aux bienfaits d'une pareille règlementation qui mettrait, enfin, la classe de tous les travailleurs du monde entier sur un autre pied que celui de paria.

Contrairement à ce que l'on pourrait croire, l'activité générale économique ne pourra que gagner à cette transformation.

Je sais que l'on me citera des exemples d'organisations ouvrières ayant fait les plus brillants fiascos.

Qu'est-ce que cela prouvera

1° Que les ouvriers étaient trop peu expérimentés pour conduire leurs affaires. N'y a-t-il pas beaucoup de patrons qui sont dans ce cas ?

2° Qu'étant une classe jeune encore dans le maniement des affaires, il est plus nécessaire de lui accorder crédit.

Et, j'ajouterai, en fin de compte, que ceci ne regarderait personne, attendu qu'il ne vient à quiconque l'idée d'aller voir ce que X ou Y fait de l'argent qu'il a gagné.

Ce qu'il importe de bien, retenir dans ce projet sur les travailleurs, c'est qu'il ne saurait être question d'examiner le cas de tel ou tel commerce ou industrie pris en particulier.

Ce que l'on doit faire c'est suivre la matière classée de son point de départ : 1° brutes ; 2° ses frais de transformation en produits utiles et les bénéfices qu'elle peut donner au transformateur lui-même ; 3° son mode de vente au public ou son utilisation dans une autre catégorie, ce qui revient au même.

C'est en vertu de ce principe que les métiers à tisser d'une soierie ne resteront pas, dans le travail de répartition de bénéfices de la classe ouvrière d'un pays, un compartiment non compris dans le mouvement général de répartition.

Je serais reconnaissant à tous ceux qui auront pris la peine de me lire de vouloir bien me communiquer leurs objections sur les idées générales énoncées ci-dessus.

Je m'efforcerai de leur répondre de façon aussi détaillée que possible.

Mais je dois dire que sur toutes ces questions, je déclinerai les dissertations ou controverses sur des idées religieuses, exclues de cet ouvrage.

Arthur MERRHEIM.

7, rue de Sèze.

Janvier 1918

Léon BOYER

DESSINATEUR

4, Faubourg du Temple

PARIS

Imp. L. Boyer, Paris